DU MINISTÈRE

ET DES PARTIS.

DE L'IMPRIMERIE DE DUBRAY.

DU MINISTÈRE

ET DES PARTIS,

EN RÉPONSE

AUX DERNIERS ÉCRITS

DE M. FIÉVÉE;

PAR CH. DURAND.

Et c'est nous
Qui payons les frais de la guerre.

A PARIS,

CHEZ {
DUBRAY, Imprimeur-Libr., rue Sainte-Anne, n°. 57;
GUILLAUME, Libraire, rue Hautefeuille, n°. 14;
COLLIGNON, Libraire, au Palais-Royal, galeries de bois, n°. 257.

1818.

DU MINISTÈRE

ET DES PARTIS,

EN RÉPONSE AUX DERNIERS ÉCRITS

DE M. FIÉVÉE.

———

Tout le monde sait que le Ministère est maintenant exposé aux attaques de deux classes d'hommes qui, naturellement ennemis les uns des autres, se servent de leurs armes contre une autorité qui les empêche de se battre entre eux. Divisés par leurs principes, et ce qui leur est bien plus cher, par leurs intérêts, mais réunis par l'intérêt du moment, ils parlent le même langage, et pourraient aisément paraître un seul parti aux esprits sans défiance, qui ne jugent que les mots et ne connaissent pas les hommes.

Tout le monde sait à peu près que ces deux partis font plaider leur cause devant l'opinion publique, par l'organe de deux écrivains célèbres, dont l'un partage ses talens entre les nobles devoirs de la pairie et les succès populaires de la brochure, et l'autre nous console par des écrits, des discours éloquens dont nos élections ont privé la tribune, et que tous deux s'efforcent ainsi de justifier le titre de *premier publiciste de l'Europe*, que chacun d'eux obtient dans son parti.

Mais ce que tout le monde ne sait pas, c'est qu'il paraît de temps en temps des parties d'un ouvrage depuis long-temps commencé, et dont rien ne nous annonce encore la fin; qui, sous le titre innocent de *Correspondance politique et administrative*, critiquent avec véhémence le système du ministère et les actes de l'autorité. La huitième partie de ce tout indéterminé a été publiée au mois de décembre dernier, et la neuvième au commencement de l'année où nous entrons. Je les ai lues toutes deux avec empressement ; c'est dire assez, je crois, que je ne connais pas celles qui les ont précédées. Comme le plus difficile était fait, j'ai pensé qu'il ne serait pas sans utilité de relever quelques erreurs qu'une certaine obscurité, de mystérieuses explications, et la prétention d'un style, dont le premier mérite est de n'être pas toujours clair, pourrait recommander au respect de ceux qui ne tiennent pas à comprendre ce qu'ils admirent.

L'auteur de cette correspondance, qui ne s'inquiète plus même de justifier son titre en plaçant le mot *monsieur* à la tête de chacune de ses confidences publiques, est M. Fiévée, dont la personne, les principes et les talens sont, dit-on, assez connus. Si l'on me demande dans quel parti sert M. Fiévée, je répondrai qu'il s'est fait remarquer parmi les rangs de ceux qu'on appelle assez improprement royalistes, et pour lesquels il a créé lui-même le nom de *royautistes*, abandonnant ainsi à qui voudra le prendre un titre porté long-temps avec orgueil par ceux qui pensent comme lui; mais je n'oserai pas encore appeler *parti* la réunion des hommes qui professent les mêmes opinions que M. Fiévée, car il nous apprend « que des opinions ne suffisent pas » pour former un parti; il faut des inté-» rêts communs, des triomphes communs, » quelquefois même des crimes communs : » ici les intérêts sont individuels même pour » se défendre (1). » Cette distinction subtile est trop au-dessus de ma faible intelligence pour que j'essaie de la discuter, en prouvant, par exemple, que les *royautistes* ont bien un *intérêt commun* à combattre ce Ministère qui ne veut pas servir leurs intérêts individuels, et que le renversement de ce Ministère, objet de leur haine constante, serait pour eux un *triomphe commun*, qu'ils ont donc pour former un parti toutes les conditions exigées par M. Fiévée lui-même, aux crimes près, que heureusement il assure n'être pas d'une abso-lue nécessité, et j'aime mieux consentir avec lui à ne pas appeler les royalistes un parti. Mais comme une certaine classe de Français, partageant les mêmes sentimens, admirant

____

(1) Correspondance, 8e. partie.

exclusivement les mêmes hommes, ayant les mêmes désirs, parlant le même langage, doit nécessairement être quelque chose, je l'appellerai une faction, prêt à chercher un autre nom, si M. Fiévée me dispute celui-ci, sans pousser toutefois la complaisance jusqu'à convenir que la réunion de plusieurs membres, agissant uniformément et se mouvant par une même volonté, ne soit pas un corps.

Avant d'entrer dans l'examen du pamphlet qui forme la neuvième partie de la Correspondance, j'ai dû dire ce qu'était politiquement M. Fiévée, et je me suis trouvé fort heureux de pouvoir l'apprendre par lui-même; car j'aurais couru risque de me tromper étrangement, s'il m'avait fallu le deviner d'après son ouvrage.

On sait que plusieurs auteurs ont adopté une idée favorite qu'ils voient partout, d'où ils font tout sortir, à laquelle ils rapportent tout. M. Fiévée n'est pas exempt de cette faiblesse. Le point fondamental de ses ouvrages, c'est la propriété territoriale détrônée par l'aristocratie des richesses mobiles qu'il appelle « une des causes agissantes de ce qui

» s'est passé en France depuis vingt-sept ans,
» une · des causes qui remuent sourdement
» l'Europe. » En vain irez-vous chercher les
causes de la révolution dans l'esprit irrésistible
du siècle, qu'on aurait pu guider peut-être,
mais dont les factions se sont emparées, on
vous répondra que « les factions ne sont qu'une
» conséquence du système qui a voulu élever
» l'industrie au-dessus de la propriété (1). »
Buonaparte fait-il peser sur la France le fardeau de son despotisme ? c'est pour écraser
l'aristocratie territoriale. La Chambre des
Députés de 1815 veut-elle, dans son impru-
dente impatience, marcher devant le Roi, et
le conduire pour l'égarer, au lieu de le suivre
pour le soutenir ? c'est la propriété qui re-
prend son pouvoir. L'ordonnance du 5 septembre, cet éternel sujet de disputes, vantée
par les uns comme le salut de la France, dési-
gnée par d'autres comme la source d'où doi-
vent sortir tous les maux dont ils remplissent
déjà notre avenir, vient-elle enfin dissoudre
cette Chambre, voilà « l'ascendant de la pro-

------

(1) Correspondance, 8e. partie.

» priété sacrifié, et la monarchie suspendue
» entre le despotisme et l'extrême liberté. »
Les élections de 1817 tombent-elles en partie
sur des banquiers à Paris, où, pour le dire
en passant, il y a fort peu de propriétés ter-
ritoriales? voilà « le résultat de la grande
» erreur ministérielle et le triomphe de l'aris-
» tocratie des richesses mobiles. » Si M. Fiévée
n'était pas auteur en même temps qu'il est pro-
priétaire, et si ce nouvel intérêt ne venait pas
faire dans son esprit quelque diversion, il
aurait sans doute trouvé le moyen de ramener
la propriété territoriale dans la question sur
la liberté de la presse.

M. Fiévée est le défenseur de la propriété,
comme un autre écrivain célèbre s'est déclaré
celui de la religion. Semblable au héros de
Cervantes qui rencontrait partout des géants
et des enchanteurs, des châteaux et des dames
vertueuses, quoique enlevées, le chevalier
errant de l'aristocratie territoriale à les yeux
tellement fascinés par ce grand intérêt, la
tête si remplie de cette idée, qu'il ne voit plus
ni l'esprit du siècle, ni les combats des factions, ni le conflit des croyances religieuses,

tout se change dans son imagination en ennemis et en défenseurs de la propriété. Malheu-
reusement pour notre France, ses divisions
naissent d'une cause bien plus importante et
d'un intérêt bien plus général, c'est de la
liberté qu'il s'agit.

M. Fiévée, que cette manie n'empêche pas
d'être un homme d'esprit, a bien senti que,
dans les circonstances où nous nous trouvons,
ses inquiétudes sur l'ascendant des capita-
listes, son attachement pour la propriété territoriale, intéresseraient peu des hommes devant
qui sont ouvertes les discussions les plus éle-
vées de la politique; et M. Fiévée, qui aime
tout autant qu'un autre à trouver des lecteurs,
a consenti, dans la neuvième partie de sa
Correspondance, à prendre le langage du
jour. Il fait donc, dans les premières pages,
ses derniers adieux à son système de prédi-
lection, et après avoir dit (1) qu'en « écartant
» l'ascendant de la propriété, il ne serait pos-
» sible de trouver un régulateur que dans des
» combinaisons opposées à la monarchie; »

----

(1) Correspondance, 9ᵉ. partie.

après avoir appelé devant le tribunal de la postérité l'ordonnance du 5 septembre comme coupable de lèse-propriété, il quitte, non pas, certes, sans quelque regret, ces considérations savantes; et, dans le reste de son ouvrage, on ne trouve pas moins souvent les mots de *despotisme* et d'*arbitraire* que dans tout autre ouvrage du moment.

C'est dans cette nouvelle carrière que je vais tâcher de le suivre, peu curieux de l'accompagner dans des questions où je ne vois pas très-clair, et où j'aime mieux le laisser errer librement. Je ne descendrai pas non plus avec lui des hauteurs de la politique dans les plus minces détails de l'administration, et, après avoir cherché si nous avons assez ou trop peu de liberté, je m'inquiéterai fort peu de savoir si les commis du Ministère de la police font une trop grande consommation de bois, et s'ils ont tort de s'essuyer les mains. On trouvera (1) tout cela savamment discuté dans le profond ouvrage de M. Fiévée.

Il commence sa nouvelle sortie en rappe-

---

(1) Correspondance, 9ᵉ. partie, article *Budjet.*

lant qu'il a établi autrefois ce principe : « Il » n'y a pas de majorité politique dans un » petit nombre, » et il se félicite d'une prédiction qui, selon lui, se trouve réalisée par la situation de la Chambre de 1817. « Il est » avoué, dit-il, qu'il n'y a pas de majorité » dans cette Chambre, que le Ministère ne » sait jamais où sont ses partisans. » Je n'essaierai pas de discuter la vérité de cette assertion. Je n'ai pas le bonheur de pénétrer dans les secrets des Chambres, et je ne connais que ce qui en sort. Avant donc de penser même à en douter, je le crois sur la parole de M. Fiévée, et je souhaite que cela soit vrai. Il me semble qu'il est très-consolant pour la France de savoir que, s'il existe parmi ses mandataires des hommes toujours prêts à s'opposer aux demandes du Ministère, résolus à ne rien approuver de ce qu'il proposera, du moins il ne s'y trouve pas une majorité dévouée à toutes ses volontés. S'il est donc vrai, comme le dit M. Fiévée, qu'il n'y a pas une majorité sûre, fixe et constante, nous devons nous en applaudir, et je ne vois pas ce que nous perdons à ne pas savoir d'avance que rien de ce qui sera présenté par le Ministère ne sera rejeté par la Chambre. Si le Ministère n'a pas une majorité, il sera obligé de se la faire. Tout le danger est pour lui, pour nous tout le profit. Ainsi le Ministère ne pourra plus se dispenser d'avoir raison ; car s'il ne saurait, par les vues les plus sages, se concilier des ennemis avec lesquels il n'y a pas de traité à espérer, du moins en aura-t-il besoin pour se gagner des partisans dont il n'est pas sûr. Je ne conçois pas comment M. Fiévée peut trouver affligeant ce qui doit surtout nous rassurer, et pourquoi il voudrait que, parce que le Ministère est sûr de trouver toujours contre lui une opposition qui n'écoute rien, qui blâme avant d'avoir jugé, qui rejette sans avoir entendu et sans savoir, je le pense au moins, si ce qu'elle rejette n'est pas utile à la patrie ; et, ce qui paraîtra plus étonnant, à ses propres intérêts, il eut de même un parti aussi complaisant et aussi fidèle dans son approbation que ses adversaires sont fermes et inébranlables dans leurs attaques. Nous qui ne nous flattons pas de pénétrer dans les mystères de l'intrigue, mais qui voyons bien de quel côté est l'obstination, souhaitons que les Ministres ne soient jamais *sûrs du succès,* c'est pour nous la meilleure garantie des efforts qu'ils feront pour le mériter.

« Et comment, s'écrie M. Fiévée (1), le
» Ministère aurait-il une majorité, lorsqu'il
» est dans la nature des choses qu'une majo-
» rité ne s'attache à un Ministre qu'à raison
» du parti qu'il prend lui-même hautement
» entre les *opinions* qui divisent la société? »
Affligeante vérité, en effet, si c'en était une!
Comment, il faudra que les Ministres, que le
Roi se mettent à la tête d'un parti? Car, ne
nous y trompons pas, *opinions* ici ne signifie
que parti; le style seul a empêché d'employer
ce mot. Et plus loin, M. Fiévée reproche aux
Ministres « de ne s'être pas mis à la tête d'un
» parti, pour marcher à la conquête de l'au-
» tre. » Nous reviendrons peut-être sur cette
phrase singulière; mais nous pouvons déjà
dire que c'est avoir une étrange idée des
obligations d'un Roi, et de ceux à qui il remet
l'exercice de son pouvoir. S'il en était ainsi,

____

(1) Correspondance , 9°. partie.

la France entière n'aurait-elle pas le droit de
dire à son Prince, et à ceux que sa confiance a
appelés pour partager le fardeau de ses devoirs : les avez-vous remplis? Au lieu d'apai-
ser les discordes, vous les avez nourries : vous
avez exposé la France et la monarchie au succès incertain et toujours malheureux d'un
combat. Au lieu de calmer les partis, vous
avez placé le bien public et la tranquillité de
l'État entre le triomphe de l'un et la résistance de l'autre.

Laissons donc M. Fiévée blâmer le Ministère de ce qu'il n'a pas mérité ces reproches;
et s'il est vrai qu'il n'a pu avoir une majorité,
et ce qui a précédé doit avoir assez expliqué
ma pensée, qu'en se faisant le chef d'un parti,
félicitons-nous, j'oserai dire, félicitons-le de
ce qu'il n'en a pas. Je ne puis croire qu'il nous
récuse.

Mais, enfin, quels sont donc ces deux partis? M. Fiévée (1) va nous l'apprendre à sa
manière. « Il n'y a et ne peut y avoir en France
» que deux objets entre lesquels se partagent

____

(1) Correspondance, 9ᵉ. partie.

» toutes les opinions, la liberté et la royauté.
» Le point extrême des partisans de la
» royauté, est qu'elle pourrait se passer de
» la liberté ; le point extrême des partisans
» de la liberté, est qu'elle pourrait se passer
» de la royauté. Un nombre si petit de per-
» sonnes se porte aujourd'hui à l'un ou à
» l'autre de ces extrêmes, que la politique
» pourrait n'en pas tenir compte. » J'avais
cru jusqu'ici trouver les deux partis dans ces
extrêmes auxquels M. Fiévée ne veut pas seu-
lement qu'on fasse attention, et dont il dé-
nonce la faiblesse avec une franchise à laquelle son adresse ordinaire ne nous a pas
préparés. J'adopte son opinion d'autant plus
volontiers, qu'elle me servira à combattre ces
terreurs que les partisans *d'un de ces points
extrêmes* veulent jeter dans nos esprits, pour
se rendre eux-mêmes utiles, en exagérant le
nombre de ceux qui se portent vers l'autre.
Je prendrai donc acte de cet aveu, sans m'oc-
cuper de savoir comment l'auteur peut trouver deux partis parmi des hommes qui veulent l'union de la liberté et de la royauté,
lorsque, d'un trait de plume, il a supprimé

ceux qui veulent séparément l'un ou l'autre.
Une vérité naïve dans un ouvrage de M. Fiévée,
est un accident si précieux, qu'on n'a plus le
courage de se plaindre d'une absurdité.

« Mais beaucoup, ajoute-t-il, avertis par les
» événemens, par des exemples trop récens
» pour que la mémoire n'en soit pas conti-
» nuellement occupée, tremblent pour l'ave-
» nir de la royauté et de la liberté, et de-
» mandent des garanties morales avant de
» livrer leur confiance. Le despotisme de
» Buonaparte qui a triomphé de la liberté
» et de la royauté, étant odieux à ces deux
» partis, un Ministère, dont la plupart des
» membres ne seraient connus que pour avoir
» été à la suite de ce gouvernement, aurait
» beaucoup à vaincre pour obtenir la con-
» fiance des partisans de la royauté et des
» partisans de la liberté. » Nous voici arrivés
à l'accusation qu'on fait peser sur les Ministres
« d'être les *élèves de Buonaparte*, de jouer
» le même rôle que lui, sans avoir aucune
» force derrière eux ; » enfin de renouveler,
sous un Roi légitime, le despotisme de l'usur-
pateur. Telles sont les phrases dont sont rem-

plis les discours imprimés ou prononcés qui sortent principalement du parti *qui veut la royauté*. Je ne m'étonnerai pas, comme certaines personnes, de trouver dans la même bouche, à côté de l'expression d'un dévouement sans bornes pour le Roi, des inculpations si hardies, si injurieuses surtout pour le Prince qui autorise, j'ai pensé dire, qui consacre, par son approbation, ce système qu'on prétend être celui qu'a laissé Buonaparte sur le trône en le quittant. Je sais trop ce que c'est que l'esprit de parti et l'ardeur des passions, pour être surpris qu'ils fassent aussi perdre quelquefois le respect. Mais je le demande, et ici dussé-je parler à aussi peu de personnes qu'on le dit, je le demande à la bonne foi, à la franchise, s'il est vrai que nous soyons aussi écrasés par le despotisme qu'on voudrait le faire croire; si, selon l'ingénieuse expression d'un orateur, car l'exagération ne nuit pas toujours à l'esprit, les actes du Ministère portent d'un côté, *Charte constitutionnelle*, et de l'autre, *arbitraire;* si, à l'exception des efforts que fait le Ministère pour arrêter ce qui pourrait renouveler nos divisions, nous ne jouissons pas d'une honnête liberté; s'il n'est pas plus permis aux partis d'attaquer le Ministère que de s'attaquer entre eux; si, dans le cas où l'on me demanderait des preuves, je ne pourrais pas citer les ouvrages même de M. Fiévée, qui ne se recommandent certainement pas par leur modération; si, enfin, on a bonne grâce à se plaindre aussi librement de son esclavage.

« Le Ministère, ajoute-t-on, restera entre » les deux partis, qui, à la première discus- » cussion, lui témoigneront une égale dé- » fiance; et ce qui est arrivé pour la liberté » de la presse, serait arrivé de même pour » tout autre sujet mis en délibération. » Je ne me trouve pas médiocrement heureux de pouvoir répondre à cette assertion par un fait qui l'a démentie. En effet, le Ministère a présenté une loi sur le recrutement; comme les deux oppositions n'avaient pas le même intérêt à la rejeter qu'à refuser la loi sur la presse, le parti indépendant a passé du côté du Ministère, et il n'est plus resté contre le projet que l'opposition ferme et incorrigible, parce que c'est une résolution prise de

(18)

ne rien accepter du Ministère, même des bienfaits,

Odi Danaos et dona ferentes.

L'opposition de 1816 a donc eu tort d'espérer que celle qui vient de naître en 1817 aurait, pour me servir de l'expression de M. Fiévée, une *persistance* aussi obstinée que la sienne.

M. Fiévée ouvre ensuite les portes de l'avenir. Il y voit d'année en année « les élec- » tions fournir à la Chambre des royalistes » et des indépendans, et le nombre des mi- » nistériels décroître. » Un autre écrivain avait déjà mis en avant cette opinion avec la même assurance ; et malgré ces deux autorités, je ne crois pas avoir trop d'estime pour mes concitoyens en espérant qu'il se trouvera parmi les électeurs, lors même que ceux qui, cette année, n'ont pas paru aux élections, se lasseraient de leur éloignement (1) ; assez de gens amis de la tranquillité, qui aimeront mieux envoyer au milieu des par-

---

(1) M. Fiévée nous apprend que, quoique électeur et éligible, il n'a pas voulu assister aux élections. *Correspondance*, 8e. et 9e. partie.

tis des pacificateurs que des combattans.
M. Fiévée a dit lui-même, que « hors des
» Chambres (1), il n'y a ni royalistes, ni
» indépendans, ni ministériels; » et je ne
sais comment cette opinion, dont la justesse
ne me paraît pas prouvée, peut se concilier
avec sa prédiction. Il est vrai que cette phrase
se trouve dans la huitième partie de la *Correspondance*, et que dans la neuvième, on
lit celle-ci (2) : « Dans les Chambres, *comme
» hors des Chambres*, les royalistes et les
» indépendans pourront se servir du Minis-
» tère dans l'intérêt de leur opinion. » Mais
l'esprit de parti aveugle sur tant de choses,
qu'on ne doit pas s'étonner s'il empêche de
voir les contradictions.

M. Fiévée, non content de diviser la
France à sa fantaisie, pénètre dans le sein de
la Chambre, et y signale quatre partis : les
indépendans et les royalistes, qu'on connaît
déjà, les ministériels *purs* et les *politiques*,
qu'on ne connaît pas encore. On sait que,
dans la discussion sur la liberté de la presse,

(1) Correspondance, 8e. partie.
(2) Correspondance, 9e. partie.

plusieurs membres de la Chambre, qui occupent en même temps des places dans le Gouvernement, n'ont pas approuvé tous les articles du projet de loi présenté par le Ministère. Aussitôt les hommes qui, depuis quelque temps, ne cessent de déclamer contre la soumission servile que les Ministres imposent à ceux qu'ils appellent aux emplois, voyant cette accusation si publiquement démentie, ont imaginé de former de ces députés un nouveau parti, et ils ont emprunté pour eux, au temps de la ligue, le nom de *politiques*. Grâce à cette heureuse idée, qui n'a pu naître que de l'habitude où nous sommes de voir tous les membres d'un même parti se mouvoir d'une manière uniforme, et comme agités par un même ressort, toutes les fois qu'il se trouvera des députés qui, ne sacrifiant leur conscience à aucun intérêt, diront ce qu'ils croient utile et raisonnable, sans s'inquiéter s'ils vont moins ou plus loin que ceux avec lesquels ils votent ordinairement, nous sommes menacés de voir les gens qui aiment les divisions, dans toutes les acceptions du mot, inventer de nouveaux partis, et leur créer de nouveaux noms. S'il

en est ainsi, souhaitons qu'ils se multiplient;
et puisque M. Fiévée n'a pas compté dans son
partage les hommes qui parlent d'après leur
conscience, puisqu'il est trop prouvé que
nous ne les trouverons pas parmi les hommes
de parti, puisqu'il ne l'est heureusement pas
encore qu'il n'existe point, voyons - les
parmi ceux à qui on est obligé de chercher des intentions secrètes, lorsqu'il serait si facile de croire à leur bonne foi,
sans nous étonner toutefois que ceux qui
ont sacrifié la leur à l'esprit de parti con-
sentent difficilement à en trouver quelque
part.

Les ministériels purs, séparés ainsi des
ministériels en place, sont donc ceux qui
croient dans leur âme et conscience que
« marcher à la tête d'un parti pour conqué-
» rir l'autre, » n'est pas le meilleur moyen
de ramener la paix, qu'ils pensent être le
premier besoin de la France. Je ne les crois
pas mécontens de leur part.

Je laisse M. Fiévée s'embarquer tout seul
dans la critique de notre système administra-
tif, et je me retrouve avec lui à la conclusion

qu'il tire de la situation intérieure de la
France tracée par lui-même; la voici : « C'est
» qu'il faut sortir de ce système, parce que
» le nombre des voix dans les Chambres ne
» change rien à l'impossibilité de le soutenir;
» la France et la monarchie y périraient. »

J'ai vu nombre de gens s'effrayer de ces pré-
dictions affligeantes, de ces oracles menaçans
prononcés avec une assurance qu'ils prenaient
pour de la persuasion ; et pourquoi n'avoue-
rai-je pas que j'ai moi-même été de ce nombre? Je dois en convenir; ne pouvant croire
qu'on pût annoncer des malheurs sans les
prévoir réellement, doutant bien plus facile-
ment de ma pénétration que de la bonne foi
des prophètes, j'ai cru voir de terribles ca-
tastrophes prêtes à tomber sur notre malheu-
reuse patrie, et ce n'est qu'à force de les
attendre que j'ai renoncé à les craindre. Il y
a en effet près de dix-huit mois que l'ordonnance du 5 septembre est rendue, et, depuis ce temps, les hommes dont elle a renversé les espérances n'ont cessé de vouloir
exciter nos craintes ; et cependant la monarchie est encore debout, et elle s'affermit tous

les jours par sa *persistance* même dans ce
système qui doit la renverser? Elle s'affermit, parce que le Gouvernement est constant dans ses principes, qu'il s'oppose avec
une égale fermeté aux efforts des partis ;
parce qu'enfin il ne suit pas la marche que
M. Fiévée regrette, et bien sincèrement, je
pense, qu'il ait négligée; parce qu'il ne se
met pas « à la tête d'un parti pour conquérir
» l'autre, » et conquérir veut dire ici ce qu'il
signifie trop souvent, renverser.

Dans cette session, il n'a encore été discuté à la Chambre des Députés qu'une seule
loi, relative à la répression des abus de la
presse; elle a été acceptée par 122 voix contre
111. M. Fiévée conclut de là qu'il n'existe pas
de majorité politique dans la Chambre. Avant
tout, je crois qu'il faut considérer cette alliance des deux partis que des gens qui aiment
à s'étonner, comme dit l'auteur, ont trouvé
étrange et inexplicable; elle me semble pourtant facile à concevoir. Sans parler encore ici
de la résolution bien connue, prise par les
débris de la Chambre de 1815, devenus les
matériaux avec lesquels on a construit l'op-

position de 1816, et de l'intérêt prononcé que l'opposition née en 1817 avait dans cette discussion, n'est-il pas tout simple que des partis qui veulent absolument se battre, et dont une autorité prévoyante et sage veut émousser un peu les armes de peur qu'elles ne blessent la patrie, se réunissent tous deux contre la prudence qui cherche en vain à les réunir? Il fallait ne pas connaître l'esprit humain et le pouvoir de la haine pour ne s'attendre pas à cette réunion qui couve, pour ainsi dire, la discorde.

« Qu'on retranche, dit M. Fiévée, du » nombre des voix de la majorité toutes celles » qui ont été données par des considérations » personnelles. » Je consens à ce retranchement, mais à condition qu'on me permettra de faire aussi dans la minorité celui des voix qui ont été données par les passions, et je demande, avec M. Fiévée, de quel côté l'on trouvera le plus *d'hommes de conscience* (1).

Les indépendans ont fait leur métier; ils ont défendu leur cause qui est celle de la

––––––––––––––––––––––––––––––––––––––

(1) Expression de M. Fiévée.

liberté illimitée. Les royalistes n'ont fait que se montrer fidèles au serment prêté par eux sur les ruines de la Chambre de 1815, de ne rien trouver de sage et de raisonnable dans tout ce qui serait présenté par des Ministres pris ailleurs que parmi eux.

Voilà pourquoi l'opposition a été si nombreuse. Que les Ministres présentent des lois que les indépendans ne soient pas intéressés à rejeter, ils se sépareront de leurs auxiliaires auxquels rien ne les attache; c'est ce qui est déjà arrivé dans la loi sur le recrutement.

La grande erreur de M. Fiévée, c'est cette opinion que tous les Français sont ou indépendans ou royalistes, c'est-à-dire, qu'ils appuient de leur approbation la grande ou la petite minorité de la Chambre, et que, hors de la Chambre, il n'y a personne qui soit du parti de la majorité. Comme il est possible que l'ouvrage de M. Fiévée ne soit pas lu par ceux qui peuvent lui donner leurs propres sentimens pour réfutation, il est nécessaire de dire que nous n'en sommes pas réduits à ce malheur.

S'il est tout naturel qu'après une révolution

qui a renversé tant d'intérêts, et qui en a créé de nouveaux, quand il s'élève un Gouvernement qui ne conserve des uns et des autres que ceux qui peuvent se réunir sans se détruire, les hommes dont les intérêts ont été sacrifiés au bien général murmurent et se plaignent ; il est tout aussi vrai de dire qu'il existe un bien plus grand nombre de Français qui ont besoin que la tranquillité ne soit pas troublée par d'imprudentes prétentions, et qui ne veulent plus qu'on mette en question des droits dont la conservation leur est assurée par la sagesse de ce Gouvernement.

Telle est, quoi que puissent en dire les partis qui tâchent de se grossir pour se rendre redoutables, telle est la majorité de la France. Elle est lasse de discordes et de divisions ; elle ne veut pas d'un Gouvernement qui « marcherait à la tête d'un parti, à la conquête » de l'autre », parce que, pour conquérir, il faut combattre, et que ce serait elle qui paierait tous les frais de la guerre ; elle approuve, elle bénit son Roi, qui connaît si bien ses besoins.

Aujourd'hui cette majorité, qui veut la paix, garde le silence, tandis que les partis qui veulent la guerre, élèvent une voix hardie et menaçante; mais si le malheur de la France voulait qu'un de ces partis eût en main ce pouvoir, objet de leur haine et surtout de leur envie, elle se leverait toute entière contre lui. Loin donc que le calme des hommes tranquilles, au milieu du débordement des passions, doive être un encouragement pour les partis, qu'ils tremblent au contraire d'émouvoir et d'armer contre eux cette masse dont ils semblent ne connaître ni la force ni le pouvoir. Cette majorité veut la Charte, parce qu'elle veut la liberté; elle veut la légitimité parce qu'elle veut la paix.

Quittons enfin ces vaines subtilités inventées par la mauvaise foi et accueillies par les passions, et que la franchise éclaire enfin ce que l'esprit de parti doit avoir trop embrouillé. « On peut s'entendre, a dit M. Fiévée, » avec les gens qui ont une opinion; comment s'arranger des gens qui n'en ont pas? » Comme je ne demande pas mieux que de m'entendre avec M. Fiévée, voici la mienne :

Voilà vingt-sept ans que dure notre révolution, et nous avons l'air de ne pas être plus avancés que lorsqu'elle a commencé ; elle devrait être finie. Fatigués de nos discordes, qui nous ont coûté, je crois, assez cher pour que nous ne devions pas renoncer à y chercher des instructions, nous sentons tous le besoin du repos. Nous le trouvons dans la Monarchie constitutionnelle. Qui peut donc nous empêcher d'y jeter l'ancre avec confiance ? Les souvenirs des partis, qui n'ont retiré de leurs naufrages que des ressentimens, au lieu d'y trouver des leçons. Ce sont eux qui nous arrêtent devant le port, et qui voudraient nous obliger à tenter encore les hazards des combats. Au lieu de les suivre, entraînons-les avec nous, forçons-les, malgré eux s'il le faut, d'y entrer, et qu'ils ne puissent plus en sortir.

Mais, s'écrieront-ils, et nous aussi nous voulons la Monarchie constitutionnelle, et il faut convenir que personne n'en parle plus que ceux qui la désirent le moins. Non, leur répondrai-je sans crainte, vous ne la voulez pas franchement ; les uns veulent moins, les autres plus. Ce ne sont pas les partis qui peuvent nous y conduire. Ils y porteraient toute leur véhémence, toute l'ardeur de leurs regrets, toutes les haines de leurs souvenirs, et de l'asile où nous cherchons le repos, ils feraient un champ de bataille.

Et qu'ils ne viennent pas nousparler de cette alliance perfide et passagère qui les réunit contre ceux qui s'efforcent de les concilier; je leur dirai : Cette union même est hostile : c'est une coalition, et ce n'est pas la paix.

Je dirai donc au Ministère : « Ne vous » laissez pas effrayer par l'idée des désastres » qu'on vous accuse de préparer à la France : » si quelque voix pure et désintéressée, ne » parlant le langage d'aucun parti, vient vous » reprocher quelque faute; car vous n'avez » pas, sans doute, la prétention d'être in- » faillible, corrigez votre système. Mais tant » qu'il ne sera critiqué que par des hommes » dont il contrarie les passions, dont il gêne » les intérêts, conservez-le; le Roi vous l'or- » donne, et la France l'en remercie. »

Je dirai aux indépendans : « Nous savons » qu'une opposition est nécessaire dans un

» gouvernement représentatif; mais la France
» qui vous tolère, ne vous protége ni ne
» vous craint. Elle a les yeux toujours ou-
» verts sur vos intentions; elle sait que votre
» présence tient en haleine le Ministère, et
» l'empêche de s'oublier dans le sommeil
» commode de l'arbitraire; mais voilà tout
» ce qu'elle vous permet; si vous osiez tenter
» quelque chose de plus, cette immense
» majorité, assez forte pour vous souffrir,
» le serait assez aussi pour vous réprimer. »
Je dirai aux royalistes : « Plusieurs parmi
» vous ont suivi les infortunes du Roi, et
» lui sont restés attachés aux jours du mal-
» heur et de l'exil, quelques-uns ont une
» fidélité d'une date plus fraîche, et l'am-
» bition trompée vous a fourni plus d'un
» transfuge. Je respecte assez même vos
» erreurs pour ne pas compter ces derniers
» dans votre parti. L'ordonnance du 5 sep-
» tembre, que je livre comme vous au ju-
» gement de la postérité, a dissous une
» Chambre sur laquelle vous faisiez reposer
» des espérances qu'on a peut-être exagé-
» rées, en les jugeant d'après l'ardeur de

» vos plaintes et de vos ressentimens. Depuis
» ce temps, vous vous êtes déclarés les en-
» nemis irréconciliables du Ministère. Quelles
» que soient les couleurs dont vous vous ser-
» virez pour couvrir vos désirs, vous ne
» pouvez cacher aux hommes un peu clair-
» voyans que l'unique objet de vos efforts
» est d'ôter aux Ministres la confiance du
» Roi, en lui prouvant qu'ils ont perdu celle
» de la nation. Voyez quels sacrifices votre
» haine exige de votre conscience, que de
» peines vous êtes obligés de vous donner
» pour démontrer, sans pouvoir persuader
» personne, que votre opposition à la vo-
» lonté du Roi peut s'allier très-bien avec
» le plus entier dévouement à sa cause,
» combien le langage que vous êtes forcés
» de tenir pour repousser, par des motifs
» tout constitutionnels, les propositions des
» Ministres, est mal placé dans votre bouche,
» et juré pour ainsi dire avec vos principes;
» si enfin, dans le cas où vous atteindriez le
» but de vos efforts en vous saisissant du
» Ministère, il vous serait possible de re-
» culer, lorsqu'on pourrait vous opposer

» demain vos discours d'aujourd'hui. Voyez
» avec quelle maligne joie les indépendans
» que vous servez de tout votre pouvoir, ces
» ennemis nécessaires de l'état de choses
» dont vous êtes des partisans prononcés,
» mais si maladroits, s'applaudissent de l'a-
» veuglement avec lequel vous leur four-
» nissez des armes dont ils pourront se
» servir un jour contre vous, comme vous
» êtes tous les jours réduits à changer les
» formes de votre résistance, aujourd'hui
» défenseurs exagérés de la liberté, et
» mettant des entraves à l'exercice de l'au-
» torité royale, et demain défendant la
» prérogative du trône contre le Roi lui-
» même. Plus vous avancez dans la fausse
» route où le ressentiment vous a jetés, plus
» vous vous ôtez l'espérance d'en sortir. On
» compte parmi vous nombre d'hommes de
» talent; il est impossible qu'ils ne frémissent
» pas eux-mêmes des suites d'une obstination
» dans laquelle leur intérêt les a d'abord en-
» gagés. Je m'en rapporte avec confiance à
» leur franchise. Si le Roi leur confiait le
» Ministère, les imprudences de leur parti,

» qui les font gémir tous les jours, ne les for-
» ceraient-elles pas bientôt à emprunter au
» Ministère d'aujourd'hui ce système si dé-
» crié, pour réprimer des prétentions que le
» succès rendrait encore moins modérées?
» Cette répression ne leur ferait-elle pas des
» ennemis de ceux qui l'auraient méritée?
» Les ambitions qu'ils ne pourraient pas sa-
» tisfaire, n'iraient-elles pas grossir le nombre
» de ces mécontens; et les nouveaux Minis-
» tres, à supposer qu'ils fussent raisonnables,
» ne se trouveraient-ils pas avant peu dans la
» même situation que ceux auxquels ils au-
» raient si long-temps voulu succéder? Et si
» vous convenez que vous seriez en peu de
» temps obligés de revenir aux choses, per-
» mettez-nous au moins de douter qu'il soit
» si nécessaire de changer les hommes.

» Certes, personne n'ira soupçonner que
» vos intentions soient de mettre en danger
» la monarchie, en opposant des entraves au
« pouvoir constitutionnel du monarque; et
» c'est cependant là que vous allez tout droit,
» en jouant un rôle qui ne vous convient pas
» et que vous devez laisser à vos alliés du

» jour, qui sont vos ennemis de tous les
» temps; et n'allez pas me dire que vous (1)
» ne vous opposez pas à ce que l'on ait des
» opinions; vous rappelleriez trop à ceux qui
» ont lu notre inimitable Molière, ce mot
» d'une femme battue par son mari, à un
» conciliateur mal avisé, *et je veux qu'il me*
» *batte, moi.* »

Puisque chacun aujourd'hui se mêle de prophétiser, je crois pouvoir dire aussi ce qu'il me semble voir dans l'avenir. Le Ministère, appuyé sur la volonté constante et ferme du Monarque, continuera à maintenir les partis, sans en favoriser aucun. Les royalistes les uns par raison, les autres par intérêt, se lasseront de la fausse position dans laquelle ils se trouvent, lorsqu'une expérience un peu longue les aura convaincus de l'inutilité de leurs efforts, et que les désirs communs de tous les Français leur auront montré combien ils trouveraient peu d'avantage dans le succès même. Ils se rapprocheront de ce Ministère, qui n'éloigne de lui que les partis; ils repren-

---

(1) *Du Système politique*, par M. de Châteaubriand.

dront dans la balance politique leur véri-
table place, qui est du côté où se tient le
Roi; et, tandis qu'un certain nombre d'in-
corrigibles, sachant bien qu'ils ont besoin
pour être quelque chose de ce que la révolution leur a ôté, se tourmenteront de leurs
regrets insensés et se berceront de leurs
folles espérances, tous les hommes sages se
réuniront autour de la monarchie constitutionnelle, et les talens, qui sont toujours précieux lorsque la passion ne les rend pas dan-
gereux, seront appelés à partager les emplois
pour lesquels l'esprit de parti doit être le
seul motif d'exclusion; ou enfin, si cette prédiction révolte leur orgueil, parce qu'elle
ressemble trop à une proposition de paix,
si l'entêtement est assez fort pour l'emporter
sur la raison et sur l'intérêt, s'ils préfèrent
toujours ajourner leur bonheur jusqu'à ce
que le triomphe qu'ils désirent vienne rem-
plir leur ambitieux espoir, s'ils persistent
dans l'attente d'un succès qu'ils croient de-
voir les dédommager d'une opposition à laquelle ils ne gagnent rien, nous n'en parvien-
drons pas moins, pour avoir quelques obstacles

de plus à surmonter, au but vers lequel ten-
dent tous nos vœux ; et quelques efforts que
fassent les partis pour retarder cet instant,
nous arriverons bientôt, avec eux ou malgré
eux, au terme de nos longues divisions, où
nous trouverons la liberté, la paix et la légitimité.